Neue Spargel Rezepte

Victoria Faber

Neue Spargel Rezepte

Weltbild

Inhalt

Spargel – Luxusgemüse für alle

Spargel gehört zur Familie der »Liliaceae«, die so wundervolle Blumen wie Lilien und so gesunde, aromatische Gewächse wie Zwiebeln und Knoblauch hervorbringt. Da steht er als Gemüse-Aristokrat mit kräftiger Heilwirkung sozusagen in der Mitte. Sein botanischer Name »Asparagus officinalis« bedeutet, dass das amtliche Arzneibuch die Pflanze als Heilmittel anerkannt hat. Doch die Heilwirkung interessiert den Schlemmer von heute nur noch am Rande: Genuss ist die Devise, wenn im Frühling die blonden oder grünen Spargelstangen endlich wieder auf dem Markt zu finden sind.

Bereits die Griechen und Römer der Antike kultivierten Spargel für Küche und Heilpraxis. Seit etwa 500 Jahren ist der grüne Spargel auch in Mitteleuropa bekannt. Aber erst vor 150 Jahren begann bei uns der gewerbsmäßige Anbau von weißem Spargel. Seither hat er sich vom kaum bezahlbaren Luxusgemüse zur gesunden Delikatesse für alle entwickelt.

Für diejenigen, die es gar nicht mehr abwarten können, bis die Spargelzeit beginnt, oder die zum Sommeranfang einfach noch nicht aufhören können, streckt preiswerte Importware die Saison. Doch seien wir ehrlich: Taufrisch gestochen und nur wenige Stunden später dampfend auf dem Tisch, ist der heimische Spargel, zur richtigen Jahreszeit genossen, einfach durch nichts zu ersetzen.

So können Sie heute Spargel in allen nur denkbaren Variationen zubereiten. Sie können die Klassiker wählen oder die neue Spargelküche ausprobieren, einen bunten Salat mischen oder mit einem heißen Süppchen dem nasskalten Aprilwetter trotzen. Sie können für das festliche Ostermenü eine appetitliche Vorspeise oder zum unkomplizierten Brunch einen feinen Beitrag servieren: Mit Spargel wird Ihre delikate Frühlingsküche noch einmal so gut, so vitaminreich und – so gesund.

Viele genussreiche Schlemmerstunden
mit dem zarten Frühlingsgemüse wünscht Ihnen
Ihre Victoria Faber

Kleine Spargelkunde

Die Vorfahren unseres Gemüsespargels wuchsen ursprünglich auf sandigen Meeresdünen und in den Steppengebieten Vorderasiens. Dann wanderte der Spargel nach Nordafrika und Südeuropa: Spargel mag leichten, kargen Boden und gemäßigtes Klima.
Die Gattung »Asparagus« umfasst etwa 100 Arten – zum Teil sind es dornige Pflanzen, die sich meterlang über Felsen und Gebüsch ausbreiten. Die beiden wilden Verwandten unseres Spargels gedeihen auf felsigen, kalkhaltigen Böden bis zu 400 Meter Höhe. Sie gehören zu den Nutzpflanzen, die man lange Zeit einfach als willkommenes Frühlingsgemüse für die eigene Küche gesammelt, aber nicht verkauft hat. Eine Wildspargelart (Asparagus tenuifolius Lam.) wächst sehr häufig im gesamten Mittelmeerraum, die andere (Asparagus acutifolius L.) nur in den Gebirgsregionen von Frankreich, der Schweiz, Österreich, Norditalien und Bosnien. Diese Art kommt heute nur noch selten vor; sie war vermutlich das Luxusgemüse der alten Griechen, während man im antiken Rom beide Varianten kannte. In japanischen Gärten wächst »Asparagus lucidus«, Zier- und Nutzpflanze zugleich, denn die gekochten Wurzelknollen werden als Gemüse zubereitet oder in Zucker eingekocht. Andere Spargelarten isst man gar nicht, nutzt sie aber: Mit dem zarten Grün von »Asparagus asparagoides« zum Beispiel werden romantische Schnittblumensträuße geschmückt. Übrigens: Nicht nur wegen seines Wohlgeschmacks und seiner Heilwirkung ist Spargel seit Menschengedenken so beliebt. Er gilt seit jeher auch als kräftiges Aphrodisiakum.

Ob als Suppe, Salat oder Hauptgericht: Spargel ist bei allen Genießern beliebt.

FRISCH AM ALLERBESTEN

Die Hauptsache beim Spargel ist Frische: Wenn Sie sich etwas Gutes tun wollen, holen Sie die Stangen direkt vom Spargelbauern in Ihre Küche. In den Spargelregionen wird frühmorgens geerntet, und schon ab 9 Uhr kann man einkaufen. Das Spargelessen am selben Tag ist ein Hochgenuss.

Frische können Sie auch beim Händler erwarten, vor allem bei Bleichspargel, der nach deutschen Anbaugebieten ausgewiesen ist (→ Kasten Seite 8): Erntefrische Stangen sind prall und brechen, wenn man sie biegt. Beim Aneinanderreiben »quietschen« sie deutlich hörbar. Die Schnittflächen müssen glatt sein und beim Eindrücken Saft abgeben. Gegart schmeckt wirklich frischer Spargel wunderbar herzhaft und eine Spur bitter. Um diese natürlichen Bitterstoffe für den Gaumen im Zaum zu halten, braucht das Kochwasser eine gute Prise Zucker.

SO ERKENNEN SIE QUALITÄT

- Stangen prall und fest
- Brechen beim Biegen ab und sind nicht elastisch
- Quietschen beim Aneinanderreiben
- Schnittflächen glatt und saftig

BEIM EINKAUF: WEISS, GRÜN ODER WILD

Spargelstangen sind Sprosse, wie wir sie von vielen Pflanzen kennen: Überlagerte Zwiebeln treiben sie als grüne Röhren, der Kopf des Wirsings ist ein mächtiger Spross ebenso wie der Chicorée. Beim Spargel entwickelt sich der Spross unterirdisch: Aus dem Wurzelstock (Rhizom), der mit dichten Wurzelfasern im Erdreich verankert ist, wachsen im Frühling mehr oder weniger dicke Sprosse nach oben. Solange sie unter der Erde treiben, bleiben sie rein weiß.

In Deutschlands Anbaugebieten wird der Spargel dann sofort »gestochen«: Leichte Risse in der Erdkruste zeigen an, dass der Spargelkopf die Erde des Spargelbeetes schon ein wenig anhebt; die Stangen sind dann 17 bis 22 Zentimeter lang.

Sobald die Spargelspitze aus dem Erdwall des Beetes lugt und Sonnenlicht bekommt, verfärbt sie sich – diesen weißen Spargel mit violettem Köpfchen mögen Franzosen und Schweizer am liebsten. Lässt man die Sprosse auf den Hügelbeeten nun oberirdisch weiter wachsen, bilden sie Chlorophyll – die Köpfe bleiben violett, die Stangen färben sich grün.

DIE WICHTIGSTEN DEUTSCHEN SPARGELREGIONEN

Baden-Württemberg
Schwetzingen, Bruchsal, Karlsruhe

Bayern
Schrobenhausen, Bamberg, Fürth

Hessen
Darmstadt, Groß-Gerau

Rheinland-Pfalz
Landau, Schifferstadt, Ingelheim

Niedersachsen
Braunschweig, Lüneburg, Wolfenbüttel

Mark Brandenburg
Beelitz

Wichtig: Besuchen Sie nicht nur die Spargelbauern in den genannten Orten, sondern erkunden Sie möglichst die gesamte Region. Abseits der typischen Spargelroute ist das Gemüse genauso frisch und gut, oft sogar etwas preiswerter. Wo es Spargel frisch gibt, ist an der Straße deutlich sichtbar mit Wegweisern angeschrieben.

Einheimische Produktion

Aus heimischem Anbau bekommen Sie weißen Spargel je nach Witterung von Mitte/Ende April bis spätestens 24. Juni: Am Tag des heiligen Johannes ist traditionell Schluss mit dem Spargelstechen, damit die Pflanzen eine ausreichende Erholungszeit bis zur nächsten Spargelsaison haben. Nur von Spargelbeeten, die für neue Pflanzungen geräumt werden, erntet man noch nach dem Johannistag – allerdings vorwiegend Grünspargel. Ab Herbst kommt dann Spargel aus Übersee auf den Markt (→ Kasten Seite 9).

Grün und wild

Durchgehend grüne Stangen für den Verkauf wachsen bei voller Lichteinwirkung auf ebenen Beeten. Dieser Grünspargel ist besonders beliebt in Südeuropa und den USA. Bei uns galt er lange als kulinarische Notlösung und kam sehr preiswert aus Griechenland auf den Markt. Das ändert sich langsam, und selbst in den deutschen Anbaugebieten – traditionell auf weißen Bleichspargel spezialisiert – können Sie nun auch Grünspargel direkt ab Hof kaufen.

Wildspargel dagegen bekommen Sie nur im Handel: auf großen Märkten, beim Gemüsehändler, in den Lebensmittelabteilungen großer Warenhäuser, in Feinkost- und Asienläden. Die zarten, hell- bis sattgrünen Stangen mit deutlich abgesetztem, schuppigem Kopf sind etwa so dick wie ein starker Schnittlauchhalm oder ein dünnes Zwiebelröhrchen. Anders als bei Kulturspargel schwankt die Länge zwischen 10 und 60 Zentimetern. Obwohl vorwiegend als »Thaispargel« angeboten, haben die Stangen mit Thailand nur insofern zu tun, als sie sich wie kleine Maiskölbchen und dünne Keniabohnen wunderbar fürs kurze Garen im Wok eignen: Sie schmecken wie Grünspargel – nur eine Spur herzhafter und angenehm herb mit leicht bitterem Aroma. Aufgrund der großen Nachfrage wird als Wildspargel auch dünner Grünspargel oder verwilderter Kulturspargel verkauft: entweder ab Mitte Juni von heimischen Spargelbeeten, die für neue Pflanzungen geräumt werden, oder bereits zur »normalen« Spargelzeit im April und Mai aus Südfrankreich. Im Département Vaucluse um die Stadt Cavaillon und in der Weinregion Luberon erntet man auch halb wilden Spargel: Die Pflanzen auf den normalen Spargelfeldern können Samen bilden, die sich in den Tälern verbreiten und so ständig für »Nachwuchs« sorgen.

Beim Einkauf beachten:

- Teilweise geöffnete Schuppen am Spargelkopf deuten auf Überlagerung hin.
- Stangen, die sich zum Ende hin verjüngen, sind holzig.
- Sehr dünne weiße Stangen stammen gewöhnlich von alten Pflanzen.
- Grünspargel mit ganz besonders dünnen Stangen ist zu spät geerntet worden.

WANN IST SPARGELZEIT?

Land	Von	Bis
Argentinien	Oktober	Dezember
Chile	Anfang September	Mitte Dezember
Deutschland	Mitte April	24. Juni
Frankreich	Mitte März	Mitte Juni
Griechenland	März	Mai
Holland	Mai	Juni
Italien	April	Mai
Polen	Mai	Juni
Spanien	Ende Februar	Anfang Juni
Ungarn	Anfang Mai	Anfang Juni
USA	März	Mai

Tipps für Küche und Gesundheit

»Denke daran, dass der Spargel knacken muss, wenn man darauf beißt, und seine grüne Farbe behalten soll, weil er sonst nur faserig ist … Wenn er sich leicht biegen lässt, ist er zerkocht, was sich nicht schickt und den Geschmack beleidigt.« Diese Empfehlung eines anonym gebliebenen Franzosen aus dem Jahre 1674 ist auch heute gültig. Denn bissfester Spargel hat noch all die guten Inhaltsstoffe, die das feine Gemüse auch für unser Wohlbefinden so außerordentlich wertvoll machen.

PERFEKT GEGART: TÖPFE FÜRS EDELGEMÜSE

Viele eignen sich bestens: die länglichen Bräter, die man auch für Fisch verwendet, oder die hohen Spaghetti-Töpfe. Für Spargel aus dem Ofen nehmen Sie eine Gratinform, bei größeren Mengen die tiefe Fettpfanne. Gebratener Spargel gelingt in der Pfanne genauso gut wie im Wok. Im Spargeltopf mit Siebeinsatz garen die Stangen stehend. Vorteil dabei: Die Köpfe ragen aus dem Sud und bleiben knackig.

Und so wird's gemacht: Den Topf mit ausreichend Wasser füllen, nach Wunsch auch Spargelschalen und -abschnitte zufügen. Das Wasser aufkochen. Nun den Dämpfeinsatz mit den Spargelstangen darüber stellen. Spargel zugedeckt bei mittlerer Hitze bissfest garen. Oder zuerst Schalen und Abschnitte 10 Minuten auskochen, dann abseihen und im Sud die Spargelstangen garen.

Grüner und weißer Spargel ist inzwischen gleichermaßen bekannt – auch gemischt ein Genuss.

BESONDERS EINFACH: SPARGEL SCHÄLEN

Geübte machen es mit einem kleinen scharfen Messer. Alle anderen besorgen sich einen speziellen Spargelschäler mit beweglicher Klinge, der sich auf die Beschaffenheit der Stange einstellt und gerade so viel Schale abschneidet, dass der Spargel zart und ohne Fasern ist. Man bekommt diese praktischen Pendelschäler sehr preiswert im Haushaltswarengeschäft, meist auch beim Gemüsehändler oder Spargelbauern. Grüner Spargel wird nur im unteren Drittel der Stangen geschält.

RICHTIG SCHNEIDEN

In der neuen Spargelküche gibt es nicht nur die ganzen Stangen. Oft werden sie auch zerkleinert. Hier finden Sie die wichtigsten Schnitte.

Mundgerechte Stücke für Gemüse und Auflauf

Den Spargel waschen, schälen und eventuell holzige Enden entfernen. Die Köpfe abschneiden und beiseite legen. Die Stangen je nach Rezept in Stücke schneiden und vorgaren, dann erst die Spargelköpfe zugeben, damit sie schön knackig bleiben.

Raspeln für Salat und Rohkost

Sie brauchen dicke Stangen und eine scharfe Rohkostreibe, damit der Spargel sauber geschnitten wird und nicht bricht. Die Stangen wie gewohnt vorbereiten, die Köpfe abschneiden und beiseite legen. Stangen am unteren Ende beginnend auf der Reibe zerkleinern. Frischer Spargel gibt dabei reichlich Flüssigkeit ab. Deshalb am besten über einer Schüssel raspeln.

Schräg geschnitten für Rührei und Wok

Die Stärke der Stangen spielt hier keine Rolle; mit dicken Stangen sparen Sie allerdings Zeit und Arbeit. Den Spargel wie gewohnt vorbereiten, die Köpfe abschneiden und beiseite legen. Nun die Stangen mit einem scharfen Messer sehr schräg in möglichst dünne Scheiben schneiden.

Hauchdünn für Carpaccio

Dafür brauchen Sie ein sehr scharfes Messer mit dünner Klinge und dicke Spargelstangen, die Sie wie gewohnt vorbereiten. Jede Stange auf das Arbeitsbrett legen, am Kopf festhalten und nicht seitlich, sondern von oben – ähnlich wie Räucherlachs – aufschneiden. Das Messer dabei fast flach gegen die Spargelstange halten und lange, möglichst hauchdünne Scheiben schneiden. So entwickelt der rohe Spargel auch beim kurzen Marinieren das feinste Aroma. Spargelcarpaccio ist eine feine Vorspeise, mit der man liebe Gäste erfreuen kann.

Feine Streifen für Brötchen

Das geht mit dicken Stangen am besten: Den Spargel wie gewohnt vorbereiten, die Köpfe abschneiden und beiseite legen. Die Stangen in 3 bis 5 Zentimeter lange Stücke schneiden. Jedes Stück der Länge nach in dünne Scheiben, diese wiederum in feine Streifen schneiden.

FÜR DEN WINTERVORRAT: SPARGEL EINFRIEREN

Die Stangen schälen, mit Küchengarn in Portionen bündeln und roh einfrieren. Wenn Sie die Stangen später vielleicht einzeln entnehmen wollen: nebeneinander auf eine Platte legen und vorfrieren. Sobald sie hart sind, in Gefrierbeutel verpacken.

WELLNESS VON DER STANGE: WAS IM SPARGEL STECKT

Die westliche Naturheilkunde empfiehlt das Gemüse für den »Körperputz« im Frühling: Wegen des hohen Gehalts an Kalium entwässert Spargel den Organismus. Saponine und Bitterstoffe pflegen den Darm und sorgen für eine gute Verdauung – die beste Methode, unser Immunsystem zu unterstützen. Spargel liefert reichlich Folsäure, ein Vitamin, das bei der üblichen Ernährung gewöhnlich zu kurz kommt. Dabei ist es ebenfalls sehr wichtig fürs Immunsystem und gesunde Adern. Vitamin C hilft der Leber beim Entgiften und der Schilddrüse bei der Produktion von Anti-Stress-Hormonen.

Die Traditionelle Chinesische Medizin (TCM) schätzt Spargel, weil er die Lebensenergie stärkt und den Körper entgiftet. Spargelsuppe mit Hähnchen (→ Seite 22) tut gut bei Abgeschlagenheit und Verdauungsbeschwerden infolge mangelnder Energie.

DAS STECKT IN 100 GRAMM SPARGEL

Eiweiß	1,9 g
Fett	0,1 g
Kohlenhydrate	1,3 g
Ballaststoffe	1,5 g
Vitamin B1 (Thiamin)	0,14 mg
Vitamin B2 (Riboflavin)	0,16 mg
Vitamin B6	0,06 mg
Vitamin C	28 mg

Spargel – schlanke Schlemmerei

Das Frühlingsgemüse hat nur wenige Kalorien: Nur etwa 70 enthält eine gute Portion Spargel von etwa 500 Gramm. Zum Vergleich: Mit einem halben Brathähnchen oder einer Currywurst vom Imbiss kommen Sie auf circa 400 Kalorien, mit einem normalen Steak von 180 Gramm auf knapp 300 Kalorien und mit einer Portion Pommes frites mit Tomatenketchup oder Mayonnaise auf rund 500 Kalorien.

Fitness flüssig: Spargelwasser

Den Spargelsud sollten Sie nicht weggießen: Er enthält gelöste Vitamine, Mineralstoffe und andere Substanzen, die Ihre Frühlings-Spargelkur unterstützen. Deshalb frisch und möglichst noch lauwarm trinken – so schmeckt er am besten. Oder für das nächste Spargelessen verwenden: Rezepte für Suppen und Saucen mit dem Spargelwasser finden Sie in diesem Buch genug. Wie Fleischbrühe kann man den Sud auch gut einfrieren und später für eine Suppe verwenden.

SPARGEL MIT BEGLEITUNG

Traditionell werden zum Spargel so genannte neue Kartoffeln gegessen, die gerade zur Spargelzeit auf den Markt kommen und die »alten« Kartoffeln aus der Vorjahresernte ablösen. In vielen Spargelregionen sind aber ganz andere Begleiter zum Spargel Tradition, nämlich Pfannkuchen, Eierfleckerl oder Strübli.

Für Spargel mit Schinken rechnet man pro Portion etwa 70 Gramm stark aromatischen Schinken – hauchdünn geschnitten – oder 150 Gramm milden Schinken in dickeren Scheiben. Die besten Sorten fürs edle Spargelessen zu neuen Kartoffeln sind Parma aus Italien oder Serrano aus Spanien – beide roh mit Meersalz gewürzt, luftgetrocknet, lange gereift und sehr kräftig im Geschmack.

Tiroler Bauernspeck oder Schwarzwälder Schinken passen zum deftigen Essen mit Eierfleckerl oder Strübli. Diese Pökelschinken mit festem Fleisch und kerniger Speckschicht schmecken ausgeprägt nach Gewürzen, der geräucherte Schwarzwälder auch angenehm nach Rauch.

Die neue Spargelküche verträgt sich am besten mit mildem Schinken, denn im Ofen gegart oder in der Pfanne gebraten hat das Gemüse viel Eigenaroma. Deshalb serviert man dazu Holsteiner Katenschinken oder auch Aoste oder Bayonne.

Das Beste aus der Spargelküche

Und nun: Auf in die Küche! Lassen Sie sich von den köstlichen Rezepten auf den folgenden Seiten inspirieren, und nutzen Sie die kurze Spargelzeit zu gesunden Schlemmerfesten. Spargel schmeckt in jeder Form, ob als Vorspeise, Salat, Suppe oder üppiges Hauptgericht. Und er lässt sich vortrefflich mit allerlei Zutaten kombinieren: Fleisch, Fisch, Schinken, Kräuter, andere Gemüse – Spargel ist ein wunderbarer Begleiter durch die frühlingsfrische Küche und immer wieder für die eine oder andere kulinarische Überraschung gut. Ob Sie mit lieben Gästen am Tisch sitzen oder ganz einfach Ihre Familie verwöhnen wollen: Spargel ist immer beliebt. Wir wünschen guten Appetit!

Spargelcarpaccio ▷

Für 4 Personen
Zubereiten: 40 Minuten

- 12 dicke weiße Spargelstangen
- 3 EL Weißwein- oder Sherryessig
- 4 EL naturtrüber Apfelsaft
- 1 TL körniger Senf
- Salz
- Weißer Pfeffer
- 8 EL natives Olivenöl extra
- 4 Kirschtomaten
- Etwa 30 g Parmesan

Den Spargel vorbereiten. Die Spargelköpfe knapp abschneiden und mit einer Marinade aus Essig, Apfelsaft, Senf, Salz, Pfeffer und Öl mischen. Zugedeckt ziehen lassen, bis die anderen Zutaten vorbereitet sind.

Die Spargelstangen in hauchdünne Scheiben schneiden und kreisförmig auf vier Portionstellern anrichten. Tomaten waschen, abtrocknen und halbieren.

Tomaten und Spargelköpfe dekorativ auf den Spargelscheiben anrichten.

Den Parmesan mit einem kleinen scharfen Messer in feine Späne schneiden und auf dem Carpaccio verteilen.

TIPP Dazu passt lockeres italienisches Landbrot oder ein frisches Baguette.

Lachs-Spargelröllchen

Für 4 Personen
Zubereiten: 30 Minuten
Marinieren: 2 Stunden

- 500 g grüner oder weißer Spargel
- Salz
- Zucker
- 1 Zitrone
- 3 EL Balsamessig
- Schwarzer Pfeffer
- 3 EL gehackter Dill
- 3 EL Olivenöl
- 4 große Scheiben Räucherlachs

Den Spargel vorbereiten und in 1 Liter kochendem Wasser mit Salz und Zucker bissfest garen.

Die Spargelstangen auf eine tiefe Platte legen. Eine Zitronenhälfte auspressen. Balsamessig, 1 Teelöffel Zitronensaft, Salz, Pfeffer, knapp 1 Schöpfkelle Spargelsud, 1 Esslöffel Dill und Öl mischen und über den Spargel gießen. Zugedeckt bei Zimmertemperatur 2 Stunden ziehen lassen.

Jede Lachsscheibe auf einem Portionsteller ausbreiten, mit Spargel belegen und aufrollen. Mit dem restlichen Dill bestreuen und mit der in Scheiben geschnittenen zweiten Zitronenhälfte garnieren.

Crêpe mit Spargel

Für 2 Personen
Zubereiten: 50 Minuten

- 500 g Fleischtomaten
- 2 Lauchzwiebeln
- 2 EL Balsamessig
- 1 TL flüssiger Honig
- Salz
- Pfeffer
- ½ Bund Basilikum
- 1 Ei
- 300 ml fettarme Milch
- 100 g Mehl
- 500 g grüner Spargel
- 1 EL Butter
- 60 g Frischkäse

Die Tomaten überbrühen, häuten, entkernen und fein würfeln. Lauchzwiebeln putzen, waschen und sehr fein würfeln. Mit den Tomaten verrühren und mit Balsamessig, Honig, Salz und Pfeffer abschmecken.

Basilikum waschen, trockentupfen und in feine Streifen schneiden. Die Hälfte in die Sauce rühren. Abgedeckt beiseite stellen.

Das Ei mit Milch und Mehl verrühren. Die Mischung 10 Minuten quellen lassen. Spargel waschen, Enden abschneiden, das untere Drittel schälen.

Den Spargel in kochendem Salzwasser 5–7 Minuten gar kochen, abschrecken. Den Backofen auf 225 °C vorheizen.

Etwas Butter in einer beschichteten Pfanne erhitzen. Aus dem Crêpeteig nacheinander 4 Crêpes backen.

Jeweils 1 Esslöffel Tomatensauce auf den Crêpes verteilen, Spargelstangen darauf legen, Crêpes aufrollen und in eine Auflaufform legen. So fortfahren, bis Spargel und Crêpes aufgebraucht sind.

Den Frischkäse darauf verteilen und 15 Minuten überbacken. Mit Basilikum bestreuen und mit Tomatensauce servieren.

TIPP Die Crêpes sind besonders leicht und fein. Ist die Hitze zu stark, verbrennt der Crêpe schnell. Sie sollten auch nicht zu lange liegen, bevor sie aufgerollt werden, da sie sonst leicht brechen. Als Variante können Sie den Teig mit einem weiteren halben Bund Basilikum, das Sie gründlich pürieren, appetitlich grün färben. Falls Sie kein Basilikum bekommen können, verwenden Sie frische oder tiefgekühlte Kräuter nach Geschmack.

Bunter Spargeltopf ▷

Für 2 Personen
Zubereiten: 40 Minuten

- 300 g dicke weiße Spargelstangen
- 3 kleine fest kochende Kartoffeln
- 100 g Schalotten
- 100 g kleine Champignons
- Saft von 1 Zitrone
- 4 kleine, spitze Artischocken
- 4 EL Olivenöl
- ½ l Spargelsud oder Gemüsebrühe (Instant)
- 1 ganz frisches Eigelb
- Salz
- Weißer Pfeffer
- 1 EL gehacktes Basilikum

Spargel vorbereiten und in fingerbreite Stücke schneiden, Spargelköpfe beiseite legen. Kartoffeln schälen, waschen und würfeln. Schalotten abziehen.

Pilze putzen und eventuell kurz waschen. Mit der halben Menge Zitronensaft mischen. Artischocken waschen, Stiele und äußere harte Blätter entfernen. Von den verbliebenen zarteren Blättern das obere Drittel abschneiden. Artischocken längs vierteln und mit dem restlichen Zitronensaft mischen.

Olivenöl in einem weiten Topf erhitzen. Pilze und Spargelköpfe darin bei starker Hitze rundherum anbraten, bis sie etwas braun werden, und wieder herausnehmen.

Spargelstücke, Kartoffeln, Schalotten und Artischocken im Bratöl unter Rühren etwa 2 Minuten kräftig schmoren.

Spargelsud oder Brühe zugießen, alles aufkochen und zugedeckt bei mittlerer Hitze 10 Minuten garen.

Spargelköpfe und Pilze untermischen und erhitzen. Eventuell noch einige Minuten garen, bis das Gemüse gerade eben weich ist.

Etwas Sud vom Gemüse in ein Schälchen geben, das Eigelb damit verquirlen und in den Eintopf rühren.

Den Spargeltopf mit Salz und Pfeffer abschmecken und mit Basilikum bestreuen.

TIPP Statt der Kartoffeln können Sie auch Pastinaken oder Topinambur verwenden. Beide Wurzelgemüse eignen sich gut zur Suppe und passen mit ihrem milden Aroma gut zum Spargel.

Asia-Spargelsuppe ▷

Für 4 Personen
Zubereiten: 30 Minuten

- 300 g weißer Spargel
- 200 g junge Möhren
- 3 Lauchzwiebeln
- 100 g Hähnchenbrustfilet
- 1 l Spargelsud oder Hühnerbrühe
- 3 EL Sojasauce
- 50 g Glasnudeln
- 2 EL trockener Sherry
- Salz
- Cayennepfeffer

Spargel vorbereiten und schräg in knapp fingerbreite Stücke schneiden, Spargelköpfe beiseite legen. Möhren schälen, waschen und in dünne Stifte schneiden.

Lauchzwiebeln putzen, waschen und mit den zarten grünen Blättern in sehr feine Röllchen schneiden. Das Hähnchenfleisch trockentupfen und in feine Streifen schneiden.

Sud oder Brühe mit der Sojasauce zum Kochen bringen. Spargelstücke und Möhren zugeben, erneut aufkochen und 5 Minuten bei mittlerer Hitze garen.

Spargelköpfe, Lauchzwiebeln und Fleisch zugeben, aufkochen und knapp 5 Minuten garen.

Inzwischen die Glasnudeln mit kochendem Wasser übergießen und kurz darin ziehen lassen, bis sie weich sind.

Im Wasser mit einer Küchenschere zerkleinern und auf ein Sieb abgießen. Heiß in die Suppe geben und einige Male umrühren.

Die Suppe mit Sherry, wenig Salz und Cayennepfeffer abschmecken.

VARIANTE VEGETARISCHE ASIA-SPARGELSUPPE Statt des Hähnchens eine Scheibe Tofu von etwa 150 Gramm trockentupfen und in knapp fingerbreite Streifen schneiden. In einer beschichteten Pfanne 2 Esslöffel Erdnussöl erhitzen. Die Tofustreifen nebeneinander ins Öl legen und bei schwacher Hitze in etwa 8 Minuten anbraten, bis sie goldgelb sind, dabei einmal wenden. Den Tofu mit 2 Esslöffeln Sojasauce und 1 Esslöffel Zitronensaft beträufeln und in Suppenschälchen geben. Die fertige Suppe darüber gießen. Mit Koriandergrün oder Petersilie bestreut sofort servieren.

萬

Eierkuchenröllchen ▷

Ergibt 20 Stück
Zubereiten: 70 Minuten

Für den Teig
- 100 g Mehl
- 2 Eier
- ¼ l Milch
- Salz
- Gemahlene Muskatnuss
- ¼ TL Paprikaflocken
- 2 EL Öl zum Ausbacken

Für die Füllung
- 3 dicke Stangen weißer Spargel
- 1 TL Olivenöl
- 2 EL gemischte gehackte Kräuter (Petersilie, Estragon, Kresse)
- Salz
- Schwarzer Pfeffer
- 1 TL abgeriebene Zitronenschale
- 4 EL Schmant

Außerdem
- ¼ Salatgurke zum Garnieren

Mehl mit Eiern und Milch verrühren. Den Teig mit Salz, Muskat und Paprikaflocken würzen und zugedeckt 30 Minuten quellen lassen.

Jeweils etwas Öl in einer großen beschichteten Pfanne erhitzen. Aus dem Teig nacheinander fünf Eierkuchen auf beiden Seiten goldbraun backen.

Für die Füllung den Spargel vorbereiten und schräg in feine Scheiben schneiden.

Im heißen Öl bei mittlerer Hitze unter ständigem Wenden leicht braun braten.

Mit den Kräutern, Salz, Pfeffer und Zitronenschale würzen und abkühlen lassen.

Die Eierkuchen nebeneinander auf der Arbeitsfläche ausbreiten, mit dem Schmant bestreichen und mit der Spargelmischung belegen.

Jeden Eierkuchen aufrollen und mit einem scharfen Messer in vier Stücke schneiden. Jedes Stück auf einen Zahnstocher stecken.

Die Salatgurke schälen oder waschen und abtrocknen. In 20 Scheiben schneiden und als Garnierung auf die Eierkuchenröllchen stecken.

TIPP Die Eierkuchenröllchen mit der gelungenen Mischung aus zartem Spargel und erfrischenden Salatgurkenscheiben machen zwar ein bisschen Arbeit, sind aber als Vorspeise ein besonders schöner Auftakt zu einem frühsommerlichen Menü. Sie machen sich natürlich auch sehr gut auf einem kalten oder kalt-warmen Büfett, zumal sie sich ausgezeichnet als »Fingerfood« eignen. Reichen Sie einen frischen, herben Weißwein dazu, und Ihre Gäste werden angesichts einer solchen stilvoll-schmackhaften Begrüßung restlos begeistert sein. So fängt eine Abendeinladung gut an.

Gebratener Spargel ▷

Für 2 Personen
Zubereiten: 20 Minuten

- 500 g grüner Spargel
- 2 EL Sonnenblumenöl
- 50 g Radicchio
- 1 EL Walnussöl
- Salz
- Weißer Pfeffer
- ½ Vollkornbaguette

Den Spargel waschen, nur das untere Drittel schälen, Enden abschneiden. Spargelstangen schräg in etwa 5 Zentimeter lange Stücke schneiden.

Das Sonnenblumenöl in einer großen beschichteten Pfanne erhitzen und die Spargelstücke darin unter gelegentlichem Wenden in etwa 10 Minuten bissfest braten. Inzwischen den Radicchio waschen, abtropfen lassen und zerzupfen.

Die Temperatur reduzieren und das Bratöl vorsichtig abgießen. Den Spargel mit dem Walnussöl beträufeln, salzen und leicht pfeffern. Mit dem Radicchio und dem Vollkornbaguette anrichten.

TIPP Fein schmeckt so auch weißer Spargel (→ Foto). Dazu die Stangen waschen, schälen und schräg in Stücke schneiden. Je nach Dicke in 10–15 Minuten bissfest braten.

Spargel-Eier-Salat

Für 4 Personen
Zubereiten: 20 Minuten

- 4 Eier
- 4 Stangen grüner Spargel
- 100 g Eisbergsalat
- 1 Hand voll Kerbel
- 3 Tomaten
- 100 g saure Sahne
- 1 EL Schmant
- 1–2 TL Zitronensaft
- 1 TL scharfer Senf
- Salz
- Zitronen- oder Kräuterpfeffer
- 1 TL Öl

Die Eier hart kochen, unter kaltem Wasser abschrecken, schälen und grob hacken. Den Spargel wie gewohnt vorbereiten und in feine Scheiben schneiden.

Eisbergsalat und Kerbel waschen und trockentupfen. Salat in Streifen schneiden, Kerbel fein zerkleinern. Tomaten waschen, vom Stielansatz befreien und würfeln.

Alle vorbereiteten Zutaten mischen und auf Portionstellern anrichten.

Saure Sahne, Schmant, Zitronensaft, Senf, Salz, Pfeffer und Öl verrühren und über den Salat träufeln.

Salat mit Spargel ▷

Für 4 Personen
Zubereiten: 40 Minuten

Für das Dressing
- 3 EL Zitronensaft
- 1 TL körniger Senf
- ½ TL Zucker
- Salz, Pfeffer
- 100 ml natives Olivenöl extra

Für den Salat
- 3 dicke weiße Spargelstangen
- 1 kleiner Kopf Radicchio
- Je 4 Blätter Römersalat und Löwenzahn
- 50 g Feldsalat
- 100 g kleine rosa oder weiße Champignonköpfe
- 2 EL gemischte gehackte Kräuter

Zitronensaft mit Senf, Zucker, Salz und einer kräftigen Prise Pfeffer verrühren. Olivenöl mit Schneebesen oder Gabel darunter schlagen.

Spargel vorbereiten und grob raspeln. Die Blattsalate putzen, waschen und trockenschleudern. Radicchio in mundgerechte Stücke zupfen, Römersalat und Löwenzahn in knapp fingerbreite Streifen schneiden.

Feldsalat nicht zerkleinern. Champignons putzen und halbieren.

Alle diese Salatzutaten mit dem Dressing in einer Schüssel mischen. Auf Portionstellern anrichten und mit den Kräutern bestreuen. Dazu passen Baguettebrötchen mit Butter oder Hüttenkäse.

TIPP Zur Spargelzeit ist das Kräuterangebot sehr reichhaltig. Für Salate, also zum Rohessen, eignet sich jedes Kräutlein, das Sie gern mögen.

Spargelbrötchen

Für 4 Personen
Zubereiten: 30 Minuten

- 4 Stangen grüner Spargel
- 1 Stück Salami (etwa 30 g)
- 1 Scheibe Greyerzer (etwa 20 g)
- 1 Tomate
- 1 EL gehacktes Basilikum
- 2 EL Remouladensauce (aus dem Glas)
- Salz
- Schwarzer Pfeffer
- 4 Milchbrötchen

Spargel vorbereiten und in feine Streifen schneiden. Salami, Käse und gewaschene Tomate klein würfeln.

Alle diese Zutaten mit Basilikum und Remouladensauce mischen und mit wenig Salz und einer guten Prise Pfeffer würzen.

Von den Brötchen an einem Ende einen möglichst kleinen »Deckel« abschneiden und die Krume herausholen. Die Spargelmischung in die Brötchen füllen, die Deckel wieder auflegen und leicht andrücken. Brötchen sofort servieren, damit sie nicht zu weich werden.

Spargel-Kräuter-Salat

Für 4 Personen
Zubereiten: 50 Minuten

Für den Salat
- 500 g weißer Spargel
- Salz, Zucker
- Je 1 Bund Dill und Brunnenkresse
- 1 Hand voll frischer Spinat
- 2 EL Schnittlauchröllchen
- 2 EL Honigessig
- 1 TL scharfer Senf
- 2 EL Olivenöl

Für die Brote
- 4 Scheiben italienisches Landbrot
- 2 EL Pesto (aus dem Glas)
- 200 g weicher Ziegenkäse (z.B. Chavroux, Crottin, Ziegenrolle oder Ziegencamembert)
- 1 TL grüne Pfefferkörner

Spargel vorbereiten und in 1 Liter sprudelnd kochendem Wasser mit Salz und Zucker bissfest garen. Auf Portionstellern anrichten und jede Portion mit 2 Esslöffeln heißem Spargelsud beträufeln. Abkühlen lassen, bis er nur noch lauwarm ist.

Die Kräuter und den Spinat verlesen, waschen und trockenschwenken. Alle harten Stiele entfernen. Dill fein hacken.

Brunnenkresse und Spinat grob zerkleinern. Kräuter, Spinat und Schnittlauch auf dem Spargel verteilen.

Den Honigessig mit 4 Esslöffeln Spargelsud, Senf, Salz und Olivenöl verrühren. Über den Spargel träufeln.

Brotscheiben halbieren, toasten und dünn mit Pesto bestreichen. Ziegenkäse in Scheiben schneiden, die Brote damit belegen und mit dem zerdrückten grünen Pfeffer bestreuen. Wer keinen Ziegenkäse mag, nimmt einfach Frischkäse.

Spargel mit Basilikum ▷

Für 2 Personen
Zubereiten: 30 Minuten

- 1 kg weißer oder grüner Spargel
- Salz
- Zucker
- 100 g Parmesan
- 100–150 g Pesto (aus dem Glas)

Spargel vorbereiten, in fingerlange Stücke schneiden und in 1 Liter Wasser mit Salz und Zucker bissfest kochen. Parmesan reiben.

Den Spargel in tiefe Portionsteller geben. Auf jede Portion ½ Esslöffel Pesto setzen, mit etwa 1 Schöpfkelle Spargelsud übergießen und locker mischen. Mit jeweils 1 Löffel Parmesan bestreuen.

Übrigen Sud, restliches Pesto und Käse dazu servieren, damit sich jeder nach Wunsch bedienen kann.

Kartoffel-Spargel-Salat ▷

Für 4 Personen
Zubereiten: 40 Minuten

- 500 g kleine Kartoffeln (fest kochend)
- Je 500 g weißer und grüner Spargel
- Salz
- ½ TL Zucker
- 2 Zweige Dill
- 200 g saure Sahne
- 2 EL Schmant
- 1 Eigelb
- 1 TL mittelscharfer Senf
- 2 EL Zitronensaft
- Dill zum Garnieren

Die Kartoffeln in der Schale kochen, abgießen, pellen und in Scheiben schneiden.

Den weißen Spargel schälen, vom grünen die holzigen Enden abschneiden und die Stangen schräg in 2 Zentimeter lange Stücke schneiden. Den Spargel getrennt in Salzwasser garen, dabei etwas Zucker zufügen. Die weißen Spargelstück nach 8 Minuten, die grünen nach 5 Minuten herausnehmen, abtropfen lassen, ausgekühlt mit den Kartoffeln vermischen.

Dillblättchen von den Stängeln zupfen. Saure Sahne mit Schmant, Eigelb, Senf, Zitronensaft und etwas Salz verrühren und über den Salat gießen. Vorsichtig untermischen. Mit Dill garnieren.

Spargel-Reis-Salat

Für 4 Personen
Zubereiten: 45 Minuten
Marinieren: 15 Minuten

- 100 g Parboiled-Langkornreis
- Salz
- 4 EL weißer Balsamessig
- Zucker
- 150 g frischer Spinat
- 500 g grüner Spargel
- 2 kleine Möhren
- 2 EL Schnittlauchröllchen
- 2 EL natives Olivenöl extra
- Pfeffer
- Zitronensaft

Reis mit kaltem Wasser bedeckt in einen Topf geben. Salz zufügen, aufkochen und zugedeckt bei schwacher Hitze in etwa 15 Minuten bissfest garen. Essig und eine Prise Zucker verrühren, bis sich der Zucker aufgelöst hat. Reis abgießen, mit dem Essig mischen und abkühlen lassen.

Den Spinat verlesen und mehrmals waschen. Spargel vorbereiten und in 1 Liter kochendem Wasser mit Salz und Zucker bissfest garen. Herausnehmen und in fingerbreite Stücke schneiden. Spinat ins Spargelwasser geben und 1 Minute sprudelnd kochen. Mit einem Schaumlöffel herausnehmen, abtropfen lassen und grob zerkleinern. Möhren schälen, waschen und würfeln.

Spargel, Spinat und Möhren mit Reis, Schnittlauch und Öl mischen. Mit grobem Pfeffer würzen. Bei Zimmertemperatur ziehen lassen.

Erdbeer-Spargel-Salat ▷

Für 2 Personen
Zubereiten: 15 Minuten
Garen: 15 Minuten

- 500 g weißer Spargel
- Salz
- 1 Hand voll Kerbel
- 150 g Erdbeeren
- 4 EL Zitronensaft
- 2 EL Orangensaft
- ½ EL Olivenöl
- 1 Prise Zucker
- Pfeffer

Die Spargelstangen waschen, schälen und die Enden abschneiden. Spargel in mundgerechte Stücke schneiden. In kochendem Salzwasser je nach Dicke 12–15 Minuten bissfest kochen.

Inzwischen den Kerbel waschen, trockentupfen und die Blättchen abzupfen. Die Erdbeeren waschen, putzen und vierteln. Spargel aus dem Sud heben, abtropfen und etwas abkühlen lassen.

Aus Zitronensaft, Orangensaft, Öl, 1½ Esslöffel Spargelsud, Zucker und 1 Prise Salz eine Marinade rühren. Mit Pfeffer würzen. Spargel, Erdbeeren, Kerbel und Marinade vermischen, den Salat kurz ziehen lassen und nochmals abschmecken.

TIPP Sie können den Salat auch mit rohem Spargel servieren. Dazu den geschälten Spargel in dünne Scheiben schneiden, ebenso die Erdbeeren.

Spargelsalat mit Honig

Für 2 Personen
Zubereiten: 40 Minuten

- 300 g grüner Spargel
- 1 kleine Knoblauchzehe
- 4 EL Erdnussöl
- Salz
- Weißer Pfeffer
- 4 EL Himbeeressig
- 1 TL flüssiger Honig
- 1–2 EL Schnittlauchröllchen

Spargel vorbereiten und schräg in fingerbreite Stücke schneiden. Knoblauch abziehen und sehr fein zerkleinern.

Öl in einer großen Pfanne erhitzen. Spargel und Knoblauch darin unter häufigem Rühren bei mittlerer Hitze in etwa 5 Minuten gerade eben bissfest garen.

Mit Salz und Pfeffer kräftig würzen und mit dem gesamten Bratöl in eine Schüssel geben. Heiß mit Essig und Honig mischen, auf Portionstellern anrichten und 10 Minuten ziehen lassen.

Zum Servieren mit grob gestoßenem Pfeffer nachwürzen und mit dem Schnittlauch bestreuen.

Suppe mit Sauerampfer ▷

Für 2 Personen
Zubereiten: 40 Minuten

- 400 g weißer Spargel
- Salz
- 1 TL Butter
- 1 Prise Zucker
- 2 mehlig kochende Kartoffeln
- 2 EL Schmant
- 1 EL Zitronensaft
- Pfeffer aus der Mühle
- Einige Blätter Sauerampfer
- 1 EL gehobelte Mandeln

Den Spargel waschen, putzen und schälen. Die Schalen beiseite legen. Von jeder Stange die Spitzen und 2 bis 3 je 1 Zentimeter dicke Scheiben abschneiden. Die Spitzen und die Scheiben in ein feuchtes Tuch wickeln und kalt stellen. Den restlichen Spargel klein schneiden und mit den Schalen in einen Topf geben. Mit etwa ½ Liter kaltem Wasser knapp bedecken. Etwas Salz, Butter und Zucker dazugeben.

Die Kartoffeln schälen, waschen, halbieren und zum klein geschnittenen Spargel in den Topf geben. Das Wasser aufkochen und das Gemüse zugedeckt bei schwacher Hitze etwa 20 Minuten köcheln lassen.

Die Kartoffelhälften aus dem Topf nehmen und den Spargelsud durch ein feines Sieb abgießen. Den Sud, die Kartoffeln und den Schmant mit dem Stabmixer pürieren und wieder aufkochen. Die Spargelspitzen und -scheiben unter die Suppe rühren und weitere 5 bis 10 Minuten bei schwacher Hitze köcheln lassen. Die Suppe mit Zitronensaft und Pfeffer abschmecken.

Den Sauerampfer waschen, verlesen und in Streifen schneiden. Die Mandeln in einer Pfanne ohne Zugabe von Fett goldbraun rösten.

Die Suppe in zwei Schalen füllen, den Sauerampfer und die Mandeln vor dem Servieren über die Suppe streuen.

TIPP Spargel wird nicht nur wegen seines zarten Geschmacks und seines geringen Kaloriengehalts geschätzt. Sein hoher Gehalt an Vitaminen und Mineralstoffen macht ihn auch zu einem besonders gesunden Genuss. Spargel ist sehr reich an Kalium; dadurch wirkt er entwässernd und trägt im Volksmund zu Recht den Namen »Polizist der Niere«.

Süppchen mit Rucola ▷

Für 4 Personen
Zubereiten: 30 Minuten

Für die Nockerl
- 100 g Butter
- 3 Eier
- 100 g trockenes Weißbrot ohne Rinde
- 50 g Rucola
- Salz
- Pfeffer
- Muskatnuss

Für das Süppchen
- ¾ l frischer Spargelsud (→ Tipp)
- 300 g Sahne
- 3 Eigelb
- Salz
- Weißer Pfeffer
- Cayennepfeffer
- Eventuell Zucker

Für die Nockerl einen großen Topf Wasser zum Kochen aufsetzen. In der Zwischenzeit die zimmerwarme Butter schaumig rühren, nach und nach die ebenfalls zimmerwarmen verquirlten Eier zugeben. Wenn alle Zutaten gleich temperiert sind, gerinnt die Masse nicht so leicht.

Weißbrot reiben. Rucola waschen, trockentupfen und fein schneiden. Beides unterrühren. Den Nockerlteig mit Salz, Pfeffer und einem Hauch geriebener Muskatnuss herzhaft abschmecken.

Aus der Masse daumendicke Rollen formen. Von den Rollen kleine Stückchen abschneiden und daraus kleine Klößchen formen, die etwa so groß sind wie eine Murmel.

Das Kochwasser salzen und die Klößchen einlegen. Kurz aufkochen lassen und anschließend noch etwa 10 Minuten gar ziehen lassen.

Den Spargelsud aufkochen und vom Herd nehmen. Die Sahne steif schlagen und die verquirlten Eigelbe darunter ziehen. In den Spargelsud einrühren und die Suppe wieder erhitzen. Sie darf aber nicht mehr kochen, sonst gerinnt das Eigelb. Die Suppe mit Salz, weißem Pfeffer, einem Stäubchen Cayennepulver und eventuell mit einer Prise Zucker abschmecken.

Die Nockerl aus dem Wasser heben, abtropfen lassen und in die Suppenterrinen geben, den legierten Spargelsud darüber gießen und sofort zu Tisch bringen.

TIPP Verwenden Sie für dieses feine Süppchen am besten Spargelwasser, in dem Sie gerade Spargel gekocht haben, und servieren Sie die Spargelstangen als zweiten Gang nach dem Süppchen. Sie können den Spargelsud aber auch einfrieren und bei anderer Gelegenheit für die Suppe verwenden.

Omeletts mit Spargel ▷

Für 2 Personen
Zubereiten: 45 Minuten

Für die Füllung
- 300 g grüner oder weißer Spargel
- 1 kleine Zwiebel
- ½ EL Butter
- 1 TL Öl
- 1 TL frische Thymianblättchen
- 100 g Sahne
- 1 EL Zitronensaft
- Salz, Weißer Pfeffer

Für den Teig
- 4 Eier
- 1 TL Zitronensaft
- 2 gestrichene TL Speisestärke
- Salz
- 3 EL Öl zum Backen

Spargel vorbereiten und sehr schräg in knapp fingerbreite Stücke schneiden, Spargelköpfe beiseite legen. Zwiebel abziehen und hacken.

Butter und Öl in einem weiten Topf erhitzen. Die Zwiebel darin bei mittlerer Hitze glasig braten.

Spargelstücke und Thymian zugeben und unter ständigem Wenden kurz anbraten.

Sahne zugießen und bei starker Hitze unter Rühren dick einkochen.

Spargelköpfe zugeben. Gemüse mit Zitronensaft, Salz und Pfeffer abschmecken und warm halten.

Eier trennen, Eiweiß mit Zitronensaft steif schlagen. Speisestärke mit Salz und 2 Esslöffeln Wasser glatt rühren. Eigelbe nacheinander untermischen. Eischnee unterziehen.

Die halbe Menge Öl in einer beschichteten Pfanne erhitzen. Die Hälfte des Teiges zugeben. Das Omelett zugedeckt bei schwacher Hitze 10 Minuten backen; Deckel nicht abheben, sonst fällt das Omelett zusammen.

Das Omelett wenden und auf der zweiten Seite 5 Minuten backen.

Auf eine vorgewärmte Platte gleiten lassen, mit dem Spargel belegen, zusammenklappen und servieren.

TIPP Zu einem solchen zarten Spargel-Omelett passen ein frisch angemachter Blattsalat und ein paar Scheiben frisches Baguette oder Weißbrot. In Frankreich reicht man oft außerdem auch noch Pommes frites dazu, das macht das Essen natürlich viel gehaltvoller. Mit einem Gläschen Weißwein ist es ein feines kleines Abendessen.

Spargel mit Kräuterdip ▷

Für 4 Personen
Zubereiten: 50 Minuten

Für den Dip
- 2 Eier
- 200 g Magerjogurt
- 200 g Remouladensauce (aus dem Glas)
- 2 EL beliebige gehackte Kräuter
- 1 EL Zitronensaft
- Salz
- Schwarzer Pfeffer

Für den Spargel
- 2 kg weißer oder grüner Spargel
- Salz
- Zucker

Eier hart kochen, schälen und fein hacken. Jogurt mit Remoulade glatt rühren.

Eier, Kräuter, Zitronensaft, Salz und groben Pfeffer untermischen.

Spargel vorbereiten und im sprudelnd kochenden Wasser mit Salz und Zucker bissfest garen. Heiß zum kalten Dip servieren.

TIPP Mit der doppelten Menge Sauce, Kartoffeln, Schinken und gemischtem Salat werden acht Personen satt. Sie können bei der Auswahl der Schinkensorte ihren Vorlieben freien Lauf lassen. Milder Kochschinken, zarter Serrano- oder Parmaschinken, kräftiger Frühstücksspeck: Mit Spargel geht fast alles, und jeder Ihrer Gäste findet schnell seinen Favoriten.

Spargel mit Käsesauce

Für 4 Personen
Zubereiten: 60 Minuten

Für den Spargel
- 2 kg weißer oder grüner Spargel
- Salz, Zucker

Für die Sauce
- 2 EL Mixed Pickles
- 100 g Fontina oder junger Gouda
- 1 Schalotte
- 1 EL Öl
- 3/8 l Spargelsud
- 100 g Crème fraîche
- 1 EL gehackte Petersilie
- Salz, Schwarzer Pfeffer

Spargel vorbereiten und im sprudelnd kochenden Wasser mit Salz und Zucker bissfest garen.

Für die Sauce Mixed Pickles fein hacken, Käse in kleine Würfel schneiden. Schalotte abziehen, fein zerkleinern und im heißen Öl glasig braten. Den Spargelsud zugießen und aufkochen.

Käse und Crème fraîche zugeben und bei mittlerer Hitze unter Rühren erhitzen, bis sich der Käse aufgelöst hat. Pickles und Petersilie untermischen, mit Salz und Pfeffer abschmecken und die Sauce warm zum Spargel servieren.

TIPP Zu diesem festlich-köstlichen Spargelgericht passen neue Kartoffeln. Welche Sorte Sie bevorzugen, bestimmen Sie.

Spargel mit Ravioli ▷

Für 2 Personen
Zubereiten: 35 Minuten

- 500 g grüner Spargel
- 4 Schalotten oder kleine Zwiebeln
- 1 Knoblauchzehe
- 50 g Salami in dünnen Scheiben
- 2 EL Olivenöl
- 200 g Crème fraîche
- 1 TL Zitronensaft
- Salz
- Pfeffer
- 2 EL gehacktes Basilikum
- 400 g frische Ravioli mit Käsefüllung (aus der Kühltheke)
- 100 g Parmesan oder Pecorino

Spargel vorbereiten und in fingerbreite Stücke schneiden, Spargelköpfe beiseite legen. Schalotten abziehen und vierteln. Knoblauch abziehen und fein hacken. Salami in Streifen schneiden.

Öl in einer großen Pfanne erhitzen. Spargelstücke, Schalotte und Knoblauch darin unter Rühren schmoren, bis die Schalotten fast weich und leicht gebräunt sind. Spargelköpfe zugeben und kurz mitschmoren. Crème fraîche unterrühren und etwas einkochen lassen. Mit Zitronensaft, Salz und Pfeffer abschmecken. Basilikum untermischen.

Die Ravioli in reichlich Salzwasser nach Packungsaufschrift kochen. Abgießen, abtropfen lassen und auf vorgewärmte Portionsteller geben. Parmesan oder Pecorino reiben.

Zuerst den Spargel, dann die Salami und zum Schluss reichlich Käse auf den Ravioli verteilen. Den restlichen Käse dazu servieren.

Spargel mit Makkaroni

Für 4 Personen
Zubereiten: 30 Minuten

- 250 g grüner oder weißer Spargel
- 100 g geräucherter Bauchspeck
- 200 g Makkaroni
- Salz
- 3 Eier
- Schwarzer Pfeffer
- Gemahlene Muskatnuss

Spargel vorbereiten und in fingerbreite Stücke schneiden, die Spargelköpfe beiseite legen. Speck in dünne Streifen schneiden und in einer großen Pfanne bei mittlerer Hitze glasig braten. Spargelstücke zugeben und bei mittlerer Hitze etwa 5 Minuten mitbraten. Spargelköpfe zugeben und alles noch etwa 5 Minuten braten.

Makkaroni in reichlich sprudelnd kochendem Salzwasser gerade eben bissfest garen. Abgießen, kurz abtropfen lassen und zur Spargelmischung in die Pfanne geben. Eier mit Salz, Pfeffer und Muskatnuss verquirlen und darüber gießen. Bei starker Hitze leicht stocken lassen.

Spargel im Schinken ▷

Für 4 Personen
Zubereiten: 40 Minuten

- 1 kg weißer Spargel
- Salz
- Zucker
- 200 g roher Schinken in dünnen Scheiben
- 2 EL Schnittlauchröllchen
- 1 EL gehackte Petersilie
- 100 g Pesto (aus dem Glas)
- Schwarzer Pfeffer

Spargel vorbereiten und die Stangen in 2 Litern sprudelnd kochendem Wasser mit Salz und Zucker knapp bissfest garen. Herausnehmen und abtropfen lassen.

So viele Schinkenscheiben beiseite legen, wie Spargelstangen vorhanden sind. Den restlichen Schinken in Streifen schneiden, mit Schnittlauch und Petersilie mischen.

Die Schinkenscheiben nacheinander auf der Arbeitsfläche ausbreiten, mit Pesto bestreichen, mit der Schnittlauchmischung bestreuen und jeweils eine Spargelstange darin einwickeln. Spargel auf einer Platte anrichten und mit grobem Pfeffer aus der Mühle bestreut servieren.

Wildspargel mit Rind

Für 2 Personen
Zubereiten: 40 Minuten
Marinierzeit: 20 Minuten

- 200 g Rinderlende
- 1 TL Speisestärke
- 1 EL Sherry medium
- 5 EL Erdnussöl
- 200 g Wildspargel
- Sambal oelek
- Salz

Für dieses asiatische Gericht das Fleisch trockentupfen und quer zur Faser in dünne Streifen schneiden. Speisestärke und Sherry glatt rühren. 1 Esslöffel Öl unterrühren. Das Fleisch damit mischen und etwa 20 Minuten zugedeckt ziehen lassen. Spargel waschen und einmal durchschneiden.

Restliches Öl im Wok oder einer großen Pfanne erhitzen. Das Fleisch mit der Marinade darin bei starker Hitze unter Wenden leicht braun anbraten. Wieder herausnehmen.

Das Öl bis auf etwa 2 Esslöffel aus dem Wok schöpfen. Spargel bei mittlerer Hitze in etwa 3 Minuten unter Rühren bissfest braten.

Das Fleisch wieder zugeben und alles mischen. Mit Sambal oelek und Salz scharf würzen. Ganz heiß mit Duftreis servieren.

Spargel mit Eiersauce ▷

Für 4 Personen
Zubereiten: 20 Minuten

- 4 ganz frische Eigelbe
- 2 EL Sahne
- 1 gehäufter TL Mehl
- ¼ l kalter Spargelsud oder Gemüsebrühe
- 60 g Butter
- 1 EL Zitronensaft
- Salz
- Frisch gemahlener Pfeffer
- Gemahlene Muskatblüte

Die Eigelbe in einem Topf mit der Sahne verquirlen. Das Mehl unterrühren. Die Brühe langsam zugießen und rühren, bis die Sauce glatt ist. Die Butter in kleine Stücke schneiden und zugeben.

Den Topf auf die Kochstelle setzen und die Sauce bei schwächster Hitze unter ständigem Schlagen mit dem Schneebesen erhitzen, aber nicht aufkochen. Mit Zitronensaft, Salz, Pfeffer und Muskatblüte abschmecken und sofort servieren.

VARIANTEN EIERSAUCE MIT SCHMANT ZU GRÜNEN BOHNEN 2 ganz frische Eigelbe mit 1 Esslöffel Schmant, 1 Esslöffel Mehl, 40 Gramm Butterstückchen und ¼ Liter lauwarmem Spargelwasser in einem Topf verrühren und unter ständigem Schlagen erhitzen, bis die Sauce dick ist.

EIERSAUCE MIT SPARGEL ZU KARTOFFELPUFFERN Wie im Hauptrezept zubereiten, die Gemüsebrühe durch Spargelbrühe ersetzen und zum Schluss 2 bis 3 Esslöffel gegarte, gut abgetropfte Spargelstückchen zugeben.

TIPP Für Spargelkochwasser brauchen Sie nur so viel Salz, dass Spargel und Sud fein gewürzt, aber nicht salzig sind. Pro Kilo Spargel mit einem Liter Wasser rechnet man etwa einen halben Teelöffel Salz. Richtiges Salzwasser wie für Nudeln oder grüne Bohnen eignet sich für Spargel nicht. Außerdem gehört eine gute Prise Zucker ins Wasser, damit der Spargel aromatisch schmeckt. Butter im Kochwasser sollten Sie weglassen. Sie verändert den Geschmack nicht, und wenn Sie den gesunden Sud trinken wollen, stören die Fettaugen nur. Den besten Sud bekommen Sie übrigens durch zweimaliges Kochen. Erst kochen Sie die Schalen und Spargelabschnitte etwa zehn Minuten lang aus. Dann gießen Sie den Sud durch ein Sieb in den Spargeltopf, wobei Sie die Schalen und Abschnitte etwas ausdrücken.

Nudeln mit Spargel ▷

Für 2 Personen
Zubereiten: 25 Minuten

- 500 g grüner Spargel
- 2 Hand voll Blattspinat
- 2 kleine Zwiebeln
- 1 EL Butter
- 1 EL Olivenöl
- 3 EL Gemüsebrühe
- 3 EL Schmant
- 1 TL Zitronensaft
- Salz
- Weißer Pfeffer aus der Mühle
- 150 g Nudeln (Farfalle oder Fusilli)
- 1 EL beliebige gehackte Kräuter (frisch oder TK)

Den Spargel waschen, die holzigen Enden abschneiden und die Stangen in etwa fingerbreite Stücke schneiden.

Den Spinat verlesen, mehrmals waschen und trockenschleudern. Die harten Stiele entfernen. Die Zwiebeln schälen, halbieren und in dünne Scheibchen schneiden.

Die Butter und das Öl in einer großen Pfanne erhitzen. Den Spargel und die Zwiebeln darin bei mittlerer Hitze unter Rühren schmoren, bis die Zwiebeln glasig sind.

Den Spinat zugeben und unter Rühren kurz weiterschmoren. Die Brühe und den Schmant unterrühren und das Gemüse zugedeckt bei schwacher Hitze etwa 5 Minuten garen. Mit Zitronensaft, Salz und Pfeffer nach Geschmack würzen.

Während das Gemüse gart, die Nudeln in reichlich Salzwasser nach Packungsaufschrift bissfest kochen. Abgießen, abtropfen lassen und mit dem Gemüse mischen.

Auf vorgewärmten Portionstellern anrichten und mit den Kräutern bestreuen.

TIPP In der »spargellosen« Zeit machen Sie das Gemüse mit fein zerkleinertem Brokkoli, dünnen Kohlrabistiften, Zucchiniwürfeln oder Karottenscheibchen. Und wenn Sie keinen frischen Spinat bekommen, nehmen Sie stattdessen einfach etwa 50 Gramm tiefgekühlten Blattspinat.
Dieses fleischlose Nudelgericht mit Spargel und Spinat schmeckt kräftig genug, um auch misstrauische Fleisch-Liebhaber zu überzeugen. Sie können es allerdings mit fein gewürfeltem Frühstücksspeck oder mit kleinen Stücken vom gekochten Schinken noch ein wenig »aufpeppen«. Diese Variante ist auch bei Kindern sehr beliebt.

Frikadellen mit Spargel

Für 2 Personen

Zubereiten: 40 Minuten

- 1 kleine Zwiebel
- 1 EL Butter
- ½ Bund glatte Petersilie
- 1 gekochte Kartoffel vom Vortag (150 g)
- 200 g Kalbshackfleisch
- 1 Ei
- Salz
- Pfeffer
- 400 g Kartoffeln (festkochend)
- Je 250 g weißen und grünen Spargel

Zwiebel schälen, fein würfeln und in 1 Teelöffel heißem Fett goldbraun rösten. Petersilie waschen, trockenschütteln, die Blätter fein hacken. Gekochte Kartoffel pellen, zerdrücken.

Hackfleisch mit Zwiebel, Kartoffel, Petersilie und Ei verkneten. Mit Salz und Pfeffer würzen.

Kartoffeln schälen, eventuell längs vierteln. Spargel waschen, Enden abschneiden. Weißen Spargel schälen, beim grünen Spargel nur das untere Drittel schälen.

Kartoffeln in Salzwasser etwa 20 Minuten gar kochen. Weißen Spargel 12 Minuten, grünen Spargel 8 Minuten in reichlich Salzwasser gar kochen.

Übrige Butter erhitzen, 4 Frikadellen formen und darin von jeder Seite etwa 5 Minuten braten.

Kartoffeln und Spargel abgießen. Mit den Frikadellen servieren.

TIPP Statt einer reichhaltigen Sauce können Sie einen Quark-Dip dazu reichen. Schnell serviert und lecker ist Kräuterquark aus dem Kühlregal. Noch besser: selbstgemachter Quark, z. B. mit Orangen und Pinienkernen, mit geriebenem Meerrettich oder mit Senf abgeschmeckt.
Die Frikadellen aus Kalbshackfleisch sind besonders fettarm. Wer nicht so sehr auf die schlanke Linie achten muss, kann die Frikadellen aber auch aus normalem Hackfleisch (Rind oder auch gemischt) zubereiten. Gewürzt werden diese Frikadellen genau wie die aus Kalbfleisch.
Für die schlanke Küche ist Spargel mit seinem niedrigen Kaloriengehalt besonders gut geeignet. Außerdem wirkt er entwässernd und damit entschlackend: die richtige Zutat für Ihre Frühjahrskur. Nutzen Sie die Spargelzeit, um im Frühling frische Kräfte zu tanken!

Risotto mit Spargel ▷

Für 2 Personen
Zubereiten: 45 Minuten

- 250 g grüner Spargel
- Salz
- 1 Prise Zucker
- 500 ml klare Gemüsebrühe
- 1 kleine Zwiebel
- 1 EL Butter
- 150 g Risottoreis
- 50 ml Weißwein
- 100 g kleine Spinatblätter
- 40 g frisch geriebener Parmesan
- Weißer Pfeffer

Den Spargel waschen, nur das untere Drittel schälen, holzige Enden abschneiden. Spargelstangen in etwa 3 Zentimeter lange Stücke schneiden.

400 Milliliter Salzwasser mit Zucker aufkochen, Spargel darin in 8–10 Minuten bissfest kochen. Abtropfen lassen.

Die Brühe erhitzen. Zwiebel schälen, würfeln und in der heißen Butter andünsten. Reis einrühren und glasig dünsten. Mit Wein ablöschen, unter Rühren völlig einkochen lassen. Reis mit Brühe knapp bedecken und unter Rühren leicht brodelnd köcheln lassen, bis die Flüssigkeit aufgesogen ist. Diesen Vorgang wiederholen, bis der Reis gar ist.

Kurz vor Garzeitende den Spinat waschen. Mit dem Spargel unter den Risotto mischen, 2 Minuten mitgaren.

Parmesan unterheben. Risotto mit Salz und Pfeffer abschmecken. Zugedeckt noch kurz ziehen lassen.

TIPP Diesen Risotto können Sie auch als Vorspeise servieren. Dann reicht diese Menge für 4 Personen. Als Beilage für 3–4 Personen passt der grüne Risotto besonders gut zu gebratenem Fleisch und Geflügel.
Ideal für Risotto sind Arborio, Roma oder Carnaroli – Rundkornreis-Sorten mit großen Körnern. Alle gibt es in den Lebensmittelabteilungen von Warenhäusern, in Mittelmeer- und Feinkostläden. Recht gut schmeckt Risotto auch mit Milchreis. Langkornreis ist dagegen für einen Risotto nicht geeignet: Die länglichen Körner haben eine glattere Oberfläche und entwickeln deshalb beim Kochen nicht die cremige Konsistenz, die einen echten Risotto auszeichnet und nur durch langsames Kochen und häufiges Rühren erreicht wird.

Spargelpfanne ▷

Für 2 Personen
Zubereiten: 45 Minuten

- 500 g weißer Spargel
- 250 g Hähnchenbrustfilet
- 200 g Champignons
- Salz
- Pfeffer
- 1 TL Speisestärke
- 1 TL Sonnenblumenöl
- 100 ml Geflügelfond
- 8 Zweige Kerbel
- 2 EL saure Sahne
- 80 g Reis

Spargel schälen und in 5 Zentimeter lange Abschnitte teilen.

Das Hähnchenfleisch in Scheibchen schneiden. Die Champignons putzen und zerkleinern.

Fleisch trockentupfen, salzen, pfeffern, mit Speisestärke bestäuben.

Das Sonnenblumenöl in einer beschichteter Pfanne erhitzen, das Fleisch darin etwa 3 Minuten knusprig braten, herausnehmen.

Spargel in die Pfanne geben, 50 Milliliter Geflügelfond zugießen. Spargel zugedeckt 10 Minuten garen, nach 5 Minuten die Pilze dazugeben.

Den Reis in Salzwasser gar kochen. Mit Salz und Pfeffer würzen. Kerbel waschen, trockentupfen, die Hälfte der Blättchen hacken.

Sahne unter den Garsud rühren, abschmecken. Fleisch in die Pfanne geben, erwärmen.

Zerkleinerten Kerbel untermischen, mit den restlichen Kerbelblättchen garnieren und mit dem Reis servieren.

TIPP Spargel liefert reichlich Mineralstoffe: Kalium, Magnesium und Eisen. Heimischer Spargel ist von April bis Juni erhältlich. Er schmeckt am besten, weil er keine lange Reise hinter sich hat, sondern ganz kurz nach dem Stechen bereits in Ihrer Küche landet. Sie kaufen ihn am besten frisch auf dem Markt. Wenn Sie das Glück haben, in einer Region zu leben, in der Spargel angebaut wird, werden Ihnen sicherlich auch Stände von Spargelbauern am Straßenrand begegnen, an denen Sie Ihren Bedarf sozusagen »im Vorbeifahren« decken können. Hier bekommen Sie den Spargel frisch, günstig und ohne lange Wege.

Scholle mit Spargel ▷

Für 2 Personen
Zubereiten: 45 Minuten
Garen: 15–18 Minuten

- 500 g kleine Kartoffeln
- 500 g grüner Spargel
- 1 Schalotte
- 300 g Schollenfilet ohne Haut
- Salz
- Pfeffer
- 100 ml trockener Wermutwein (z. B. Martini Dry)
- 1 EL Butter
- 30 g Kerbel
- 50 g Crème fraîche

Den Backofen auf 200 °C vorheizen (Umluft 180 °C, Gas Stufe 3–4). Kartoffeln schälen und in Salzwasser gar kochen. Das untere Drittel des grünen Spargels schälen, Spargel ebenfalls in Salzwasser 8–10 Minuten kochen.

Schalotte schälen und klein würfeln, in eine ofenfeste Form streuen. Schollenfilets mit Salz und Pfeffer würzen, in die Form legen, Wermutwein angießen.

Fischfilets mit Butterflöckchen belegen, mit Alufolie zudecken und im Backofen 15–18 Minuten garen.

In der Zwischenzeit den Kerbel waschen und trockenschleudern. Dicke Stiele entfernen, einige schöne Zweige für die Dekoration beiseite legen.

Den Fisch aus dem Backofen nehmen, die Garflüssigkeit vorsichtig in einen kleinen Topf gießen, mit Kerbel und Crème fraîche pürieren.

Die Kerbelsauce kurz aufkochen abschmecken und mit Scholle, Kartoffeln und grünem Spargel servieren.

TIPP Grünen Spargel gibt es inzwischen fast das ganze Jahr. Falls Sie einmal keinen bekommen, können Sie den Spargel durch Brokkoli ersetzen. Grüner Spargel wurde bei uns lange Zeit lediglich als »Ersatz« für den »richtigen« Spargel angesehen. Das hat sich geändert, und für viele Genießer ist der grüne Spargel heute ein Gemüse ganz eigener Art.
Man kann die Spargelstangen zum Garen portionsweise mit Küchengarn zum Bündel verschnüren. Notwendig ist es nicht; die Stangen garen freischwebend im Sud genauso gleichmäßig. Und die richtige Garzeit lässt sich bei einzelnen Stangen sogar besser bestimmen.

Spargel mit Ei & Käse ▷

Für 2 Personen
Zubereiten: 25 Minuten
Backen: 10 Minuten

- 2 Eier
- 1 kg weißer Spargel
- Salz
- 1 Prise Zucker
- ½ Bund glatte Petersilie
- 40 g Emmentaler oder Greyerzer Käse
- 2 TL Paniermehl
- Pfeffer
- 300 g Kartoffeln, vorwiegend festkochend
- Etwas Öl
- 2 TL Butter

Die Eier hart kochen, abschrecken. Den Spargel schälen und die Enden abschneiden.

Die Spargelstangen in reichlich Salzwasser mit 1 Prise Zucker etwa 15 Minuten garen. Petersilie waschen, trockenschütteln und fein hacken. Einige Blättchen für die Garnitur beiseite legen. Eier schälen und fein hacken. Käse reiben. Gehackte Petersilie, Käse, Ei und Paniermehl mischen, salzen und pfeffern. 300 Gramm Pellkartoffeln gar kochen.

Eine ofenfeste, flache Form mit wenig Öl einpinseln. Spargel abtropfen lassen. Spargel in die Form legen, Käsemischung darauf verteilen.

Butterflöckchen auf dem Gemüse verteilen. Im auf 225 °C (Umluft 200 °C, Gas Stufe 5) vorgeheizten Ofen etwa 10 Minuten überbacken. Mit der restlichen Petersilie garnieren und mit den Pellkartoffeln servieren.

Kleine Spargelstrudel

Für 4 Personen
Zubereiten: 45 Minuten

- 1 kg grüner Spargel
- 1 TL Öl
- 2 EL Crème fraîche
- Salz
- Cayennepfeffer
- 2 EL gehackte Petersilie
- 50 g Greyerzer
- 1 Packung Yufka-Teigblätter (400 g, türkische Läden, ersatzweise Blätterteig)
- Je 2 EL Butter und Olivenöl

Spargel vorbereiten und in fingerbreite Stücke schneiden. Im heißen Öl anbraten. Mit Crème fraîche, Salz und Cayennepfeffer vermischen und bei mittlerer Hitze zugedeckt in etwa 5 Minuten halb weich schmoren. Die Petersilie untermischen. Den Käse reiben.

Teigblätter auf einem Arbeitsbrett ausbreiten, jeweils mit Spargel belegen und mit Käse bestreuen. Aufrollen und dicht an dicht in eine Gratinform legen. Mit zerlassener Butter und Olivenöl beträufeln. Die Strudel im vorgeheizten Backofen bei 200 °C (Umluft 180 °C, Gas Stufe 3) in etwa 10 Minuten goldbraun backen.

Feine Spargelnudeln ▷

Für 2 Personen
Zubereiten: 30 Minuten

- 250 g grüner Spargel
- Salz
- 200 g breite Bandnudeln
- 1 TL Butter
- 2 TL Mehl
- 150 ml Milch 1,5 % Fett
- 75 g Frischkäse
- ½ TL abgeriebene unbehandelte Zitronenschale
- Weißer Pfeffer
- Muskatnuss
- 50 g Bündner Fleisch

Spargel waschen, nur das untere Drittel schälen, holzige Enden abschneiden. Die Stangen schräg in etwa 4 Zentimeter lange Stücke schneiden.

Spargelstücke in 2 Liter kochendem Salzwasser je nach Dicke in 8–12 Minuten bissfest garen. Aus dem Wasser heben, kalt abschrecken und abtropfen lassen. Dann die Nudeln im Spargelkochwasser bissfest garen, abtropfen lassen.

Butter in einer großen beschichteten Pfanne aufschäumen. Mehl einrühren und kurz anschwitzen. Unter Rühren nach und nach die Milch zugießen, die Sauce 5–7 Minuten leicht köcheln lassen. Frischkäse einrühren, Sauce mit Zitronenschale, Salz, Pfeffer und Muskat würzen.

Das Bündner Fleisch in breite Streifen schneiden. Nudeln und Spargel unter die Sauce mischen, das Bündner Fleisch locker unterheben.

Leichte Spargelpizza

Für 4 Personen
Zubereiten: 30 Minuten

- 1 Packung fertig ausgerollter Pizzateig (Ø ca. 32 cm)
- 150 g Crème fraîche mit Kräutern
- 1 EL Pesto (aus dem Glas)
- 250 g gegarter Spargel (Rest oder aus Dose/Glas)
- Salz
- Schwarzer Pfeffer
- 70 g gekochter Schinken in dünnen Scheiben
- 150 g Mozzarella

Den Pizzateig auf ein Backblech legen. Crème fraîche und Pesto mischen und den Pizzaboden damit bestreichen.

Den Spargel in Stücke schneiden. Auf den Pizzaboden legen, mit Salz und Pfeffer würzen und mit Schinken abdecken.

Abgetropften Mozzarella würfeln und auf der Pizza verteilen.

Die belegte Pizza im vorgeheizten Backofen bei 250 °C (Umluft 220 °C, Gas Stufe 6) etwa 15 Minuten backen, bis der Käse leicht gebräunt ist. Heiß servieren.

Spargel mit Saucen ▷

Für 4 Personen
Zubereiten: 50 Minuten

- 2 kg weißer oder grüner Spargel
- Salz
- Zucker

Für die Sauce

- 200 g Butter
- 3 Eigelbe
- 1 TL Weißweinessig
- Salz
- Cayennepfeffer

Spargel kurz unter fließendem Wasser waschen und sorgfältig schälen. Harte Enden abschneiden.

2 Liter Wasser mit Salz und Zucker in einem großen Topf oder einem ovalen Bräter aufkochen. Spargel zugeben, rasch zum Kochen bringen und zugedeckt bei mittlerer Hitze bissfest garen.

Spargel aus dem Sud nehmen, auf einer gut vorgewärmten Platte anrichten und heiß servieren.

HOLLÄNDISCHE SAUCE (SAUCE HOLLANDAISE) 200 Gramm Butter zerlassen und warm halten. 3 ganz frische Eigelbe und 1 Esslöffel heißes Wasser in einer Schüssel verrühren. Mit den Quirlen des Handrührers über dem heißen Wasserbad zu einer dicken Creme aufschlagen. Die flüssige Butter unter ständigem Rühren zuerst teelöffelweise, dann in dünnem Strahl zugeben. Die Sauce mit 1 Teelöffel Weißweinessig, Salz und Cayennepfeffer abschmecken.

VARIANTEN SAUCE MOUSSELINE Nehmen Sie dafür 1 Rezept Holländische Sauce, und schmecken Sie die fertige Sauce mit Salz, Cayennepfeffer und etwas Zitronensaft ab. 2 Esslöffel geschlagene Sahne darunter ziehen.

MALTESER SAUCE 1 Rezept Holländische Sauce mit reichlich abgeriebener Orangenschale und 2 Esslöffel Blutorangensaft mischen. Mit Salz, weißem Pfeffer, Muskatnuss und Zucker abschmecken.

PICCALILLI-SAUCE 1 Rezept Holländische Sauce mit 2 Esslöffel zerkleinertem Senfgemüse, 1 Messerspitze Ingwer, Salz, Cayennepfeffer verrühren.

SCHNITTLAUCHSAUCE 300 Gramm Magermilchjogurt mit 150 Gramm Schmant glatt rühren. 2 gewürfelte Tomaten, 2 Esslöffel Schnittlauchröllchen, Salz, Pfeffer und Zucker unterrühren.

Spargel extrafein ▷

Für 4 Personen

Zubereiten: 35 Minuten

- 2 kg mittelstarker Spargel
- 40 g Salz
- 1 Stück Würfelzucker
- 2 EL Butter

Für die Sauce

- 5 EL Crème fraiche
- 80 g eiskalte Butter
- 5 Stängel Kerbel

Den Spargel waschen und mit einem scharfen Küchenmesser oder Spargelschäler, am Kopfende beginnend, sorgfältig schälen. Das untere holzige Ende abschneiden. Die Spargelstangen in ein nasses Tuch hüllen.

Die Spargelschalen und -abfälle waschen, mit 4 Liter Wasser in einen Topf geben und in 15 Minuten auskochen. Auf ein Sieb gießen und das Spargelwasser in einen hohen oder einen länglichen Topf, in dem der Spargel Platz hat, geben, Salz, Zucker und Butter hinzufügen.

Die Spargelstangen mit einem Baumwollfaden in zwei Bündeln zusammenbinden und in das kochende Wasser, je nach verwendetem Topf, stellen oder legen. Den Spargel je nach Dicke in 10 bis 15 Minuten kernig weich kochen. Die gekochten Spargelstangen sollen noch fest sein.

Die Spargelbündel vorsichtig aus dem Wasser nehmen, abtropfen lassen und die Fäden lösen. Die Spargelstangen in eine Serviette hüllen.

Für die Sauce 8 Spargelstangen im Mixer pürieren. 60 Milliliter Spargelsud mit der Crème fraîche in einem Topf 5 Minuten einkochen lassen und das Spargelpüree hinzufügen. Vom Herd nehmen und die eiskalte Butter in kleinen Flöckchen unter kräftigem Schlagen mit einem Schneebesen unterrühren.

Zum Schluss den Kerbel waschen, die Blättchen abzupfen und unter die Sauce geben. Die Sauce getrennt zu dem Spargel reichen.

TIPP Bei einem richtigen Spargelessen können Sie den Spargel ruhig mit den Fingern essen. Dazu die Stange mit Daumen und Zeigefinger am hinteren Ende anfassen und das Köpfchen in die Sauce tauchen.

Spargel mit Tomaten ▷

Für 2 Personen

Zubereiten: 40 Minuten

- 800 g frischer Spargel
- 1 kleines Bund gemischte Kräuter (Basilikum, Estragon, Oregano, Petersilie)
- 1 kleine Zwiebel (etwa 50 g)
- ¼ l Gemüsebrühe
- Salz
- 25 g Kräuterbutter
- 1 TL Olivenöl
- 250 g gewürfelte Pizzatomaten (Tetrapak)

Die Spargelstangen von oben nach unten schälen, dabei die Enden um etwa 1 Zentimeter kürzen. Die Stangen quer halbieren. Die Kräuter waschen, trockenschütteln, die Blättchen abzupfen und fein hacken.

Die Zwiebel abziehen und fein würfeln. Die Gemüsebrühe in einen großen Topf gießen. Den Spargel aufrecht stehend oder liegend in der kochenden Brühe garen.

Die Spargelstangen herausnehmen, leicht salzen und mit Kräuterbutterflöckchen belegen.

In der Zwischenzeit das Olivenöl in einer beschichteten Pfanne erhitzen und darin die Zwiebelwürfel glasig dünsten.

Pizzatomaten sowie die gehackten Kräuter einrühren und alles bei geringer Hitze einige Minuten garen lassen.

Den Spargel auf zwei Teller verteilen. Den Sud aus dem Topf in die Tomatenpfanne einrühren und 2 Minuten unter Rühren erhitzen. Nochmals abschmecken und die Spargelteller löffelweise mit der Tomatensauce überziehen.

TIPP Sollten Sie über schöne, aromatische Tomaten verfügen, verwenden Sie unbedingt diese für die Sauce. Die Tomaten blanchieren, häuten und in Würfel schneiden. Mit Zwiebelwürfeln andünsten, mit Spargelsud angießen und einige Minuten ziehen lassen.
Wenn Sie keine aromatischen Tomaten bekommen können, lässt sich die Sauce auch sehr gut mit geschälten Tomaten aus der Dose zubereiten. Sie bekommen sie das ganze Jahr über in immer gleich bleibender guter Qualität zu außerordentlich günstigen Preisen, sodass es sich lohnt, immer ein paar Dosen auf Vorrat im Haus zu haben.

Spargelgemüse ▷

Für 4 Personen
Zubereiten: 35 Minuten

- 450 g Spargel
- 450 g Möhren
- 1 Prise Salz
- 1 Prise Zucker
- 1 TL Butter
- 1 TL Speisestärke
- ½ Bund glatte Petersilie

Den Spargel gründlich schälen, die Enden abscheiden und die geschälten Stangen in etwa 6 Zentimeter lange Stücke schneiden.

Die Möhren schälen, waschen, zweimal der Länge nach teilen und ebenfalls in etwa 6 Zentimeter große Stücke schneiden.

Wasser in einen Topf füllen, dann Salz, Zucker und Butter zugeben und erhitzen. Wenn das Wasser kocht, Spargel und Möhren hineingeben und in etwa 20 Minuten bei mittlerer Hitze in etwa 15–20 Minuten garen.

Inzwischen die Speisestärke mit 2 Esslöffel Wasser klümpchenfrei verrühren.

Die Petersilie waschen, trockenschütteln und ohne die harten Stiele klein hacken.

Wenn das Gemüse gar ist, in ein Sieb schütten und dabei den Sud auffangen.

Etwa ¼ Liter Sud wieder in den Topf geben und mit der angerührten Speisestärke binden. Die Sauce einmal kräftig aufkochen und eventuell mit etwas Salz und Zucker fein abschmecken.

Das Gemüse auf Tellern anrichten, mit der Sauce übergießen und mit der gehackten Petersilie bestreuen.

TIPP Besonders fein schmeckt das Gemüse, wenn Sie junge runde Möhren für dieses Rezept nehmen. Diese Möhren müssen Sie nicht zerteilen, sie garen relativ schnell und sehen hübscher aus.
Dieses Gemüse schmeckt zu vielen Braten (Rind, Lamm, Schwein, Wild), aber auch zu einem Omelett. Servieren Sie es auch einmal zu einer dickeren Scheibe Kochschinken, die sie leicht in Butter anbraten, und zu lockerem Kartoffelpüree.

Spargel mit Egerlingen ▷

Für 4 Personen
Zubereiten: 50 Minuten

- 200 g Egerlinge
- 1 kg weißer Spargel
- 2 Schalotten
- 2 Knoblauchzehen
- ¼ Bund Petersilie
- 4 EL Olivenöl
- 150 g Sahne
- 2 TL Zitronensaft
- Salz
- Pfeffer

Die Pilze putzen und in nicht zu dünne Scheiben schneiden.

Den Spargel waschen, die Enden abschneiden. Den Spargel von oben nach unten gründlich schälen, die Köpfe abschneiden und die Spargelstangen leicht schräg in etwa ½ Zentimeter dicke Stücke schneiden.

Die Schalotten und den Knoblauch schälen und fein hacken. Das Einweichwasser filtern. Die Petersilie waschen, kurz trockenschütteln und fein hacken.

Eine Pfanne oder einen Wok heiß werden lassen und das Öl darin erhitzen. Den Spargel hineingeben und unter Rühren etwa 2 Minuten braten. Die Pilze hinzufügen und alles noch etwa 4 Minuten braten.

Die Schalotten und den Knoblauch darunter mischen und noch etwa 1 Minute braten. Mit etwas Wasser und der Sahne ablöschen und den Bratfond lösen.

Die Sauce etwas einkochen lassen und mit dem Zitronensaft, Salz und Pfeffer abschmecken. Den Spargel mit den Petersilienblättchen bestreuen und servieren.

Gut schmecken dazu Reis oder auch frisches Weißbrot.

VARIANTE SPARGEL MIT CHAMPIGNONS Sehr gut wird der Spargel auch mit frischen Champignons. Diese putzen, in Scheiben schneiden und wie beschrieben mit dem Spargel braten. Zum Ablöschen können Sie dann auch einmal Weißwein oder auch Gemüsefond verwenden. Man braucht allerdings nur wenig Wasser, da die Pilze viel Flüssigkeit abgeben.

Rindfleisch mit Spargel ▷

Für 4 Personen
Zubereiten: 30 Minuten

- 600 g Rindfleisch zum Kurzbraten, z.B. Lende oder Filet
- 3 EL Fischsauce
- 1 EL Limettensaft
- ½ TL Speisestärke
- 250 g grüner Spargel
- 1 Dose Minimaiskölbchen (etwa 225 g Abtropfgewicht)
- 1 Zwiebel
- 1 Bund Schnittlauch
- 4 EL Öl
- 2 EL Austernsauce
- 100 ml Gemüsebrühe
- 2 TL Zucker
- Salz
- Pfeffer

Das Rindfleisch erst in dünne Scheiben, dann in Streifen schneiden. 2 Esslöffel Fischsauce mit dem Limettensaft und der Speisestärke verrühren und mit den Fleischstreifen mischen.

Den Spargel waschen, die Enden abschneiden und den Spargel im unteren Drittel schälen. Die Spitzen abschneiden, die Stangen leicht schräg in etwa 1 Zentimeter breite Scheiben schneiden. Die Maiskölbchen abtropfen lassen. Die Zwiebel schälen, halbieren und in feine Streifen schneiden. Den Schnittlauch waschen und in 2–3 Zentimeter lange Stücke schneiden.

Eine Pfanne oder einen Wok erhitzen und das Öl hineingeben. Das Fleisch in 2 Portionen darin kräftig anbraten und wieder herausnehmen. Den Spargel 3–4 Minuten braten, bis er bissfest wird. Die Zwiebel etwa 2 Minuten mitbraten, dann die Maiskölbchen dazugeben und leicht braun werden lassen. Das Fleisch wieder untermischen.

Die restliche Fischsauce mit der Austernsauce, der Gemüsebrühe und dem Zucker verrühren und in den Wok gießen. Alles einmal kräftig aufkochen, mit Salz und Pfeffer abschmecken und mit dem Schnittlauch bestreut servieren.

TIPP Wer weder Austern- noch Fischsauce im Haus hat, kann das Gericht auch mit Sojasauce abschmecken. Statt Spargel und Maiskölbchen können Sie auch Frühlingszwiebelstücke und Paprikastreifen oder halbierte Tomaten nehmen und statt Schnittlauch Koriander.
Maiskölbchen in der Dose bekommen Sie in größeren Supermärkten und natürlich in Asienläden. Dort wird dieses feine und zarte Gemüse manchmal auch frisch angeboten. Greifen Sie in diesem Fall unbedingt zu, sie schmecken sehr delikat! Die Maiskölbchen dann nur waschen und bereits mit dem Spargel braten.

Couscous mit Spargel ▷

Für 4 Personen

Zubereiten: 30 Minuten

- 500 g grüner Spargel
- 1 Bund Frühlingszwiebeln
- 1 Stück unbehandelte Zitronenschale
- 1 EL Mandelblättchen
- 3 EL Olivenöl
- Salz
- Pfeffer
- 1 Prise frisch geriebene Muskatnuss
- 350 g Instant-Couscous
- ½ l Gemüsebrühe
- 1 Hand voll Kerbel
- 200 g cremige saure Sahne
- 2 TL Zitronensaft

Den Spargel waschen und die Enden großzügig abschneiden. Holzige Stangen am unteren Ende dünn schälen. Spargelspitzen abschneiden, Stangen leicht schräg in etwa ½ Zentimeter dicke Scheiben schneiden.

Die Frühlingszwiebeln waschen, putzen und mit dem Grün in feine Ringe schneiden. Einen Teil der grünen Ringe beiseite legen. Die Zitronenschale fein hacken.

Eine Pfanne oder einen Wok erhitzen, die Mandelblättchen darin ohne Fett unter Rühren goldgelb braten. Herausnehmen und beiseite stellen. Das Öl in die Pfanne geben und den Spargel darin unter Rühren etwa 4 Minuten braten, bis er bissfest ist. Die Zwiebelringe und die Zitronenschale dazugeben und kurz mitbraten. Das Gemüse mit Salz, Pfeffer und Muskat abschmecken.

Den Couscous untermischen und braten, bis er vom Fett überzogen ist. Die Brühe dazugeben und erhitzen. Die Pfanne vom Herd ziehen und alles zugedeckt etwa 5 Minuten ziehen lassen, bis der Couscous ausgequollen ist.

Inzwischen den Kerbel verlesen, waschen, trockenschütteln und fein hacken. Die saure Sahne mit dem Zitronensaft, Salz und Pfeffer verrühren. Den Kerbel untermischen.

Den Couscous mit einer Gabel auflockern, mit den Mandelblättchen bestreuen und mit der Kerbelcreme servieren.

TIPP Der Couscous ist mit einem kleinen gemischten Salat ein komplettes Hauptgericht. Wer allerdings nicht so gerne rein vegetarisch isst, serviert rohen Schinken als kalte Beilage zum fertigen Couscous. Als Getränk schmeckt am besten ein trockener Weißwein.

Über dieses Buch

DIE AUTORIN Victoria Faber beschäftigt sich sozusagen seit ihrer Kindheit mit Spargel. Sie ist in der Nähe von München geboren, wo sie auch heute noch mit ihrer Familie lebt. Die begeisterte Hobbyköchin hat sich auf das Kochen mit frischem Gemüse spezialisiert und kreiert immer wieder neue Rezepte. Bis heute ist der Spargel, weiß oder grün, eines ihrer Lieblingsgemüse.

... UND NOCH EIN HINWEIS IN EIGENER SACHE
Unsere Rezepte werden von erfahrenen Fachautoren kreiert und erprobt. Wir freuen uns jedoch über Anregungen, Tipps oder Kritik und helfen bei Fragen gern weiter. Bitte wenden Sie sich an:
Weltbild Buchverlag, Steinerne Furt 67, 86167 Augsburg
oder schreiben Sie uns eine E-Mail an:
Gabriele.Beck@weltbild.com

HAFTUNGSAUSSCHLUSS Die Inhalte dieses Buches sind sorgfältig recherchiert und erarbeitet worden. Dennoch kann weder die Autorin noch der Verlag für die Angaben in diesem Buch eine Haftung übernehmen.

BILDNACHWEIS Alle Fotos Helga Florian, Weiden/Oberpfalz, außer: Weltbild Bildarchiv: 18, 24, 26, 43, 36, 52, 54, 56, 58, 60, 62 (Th. Kilper); 38, 48, 50 (Karl Newedel)

Weltbild Buchverlag
– Originalausgaben –

Projektleitung: Dr. Ulrike Strerath-Bolz
Umschlaggestaltung: X-Design, München
Umschlagabbildung: Helga Florian, Weiden/Oberpfalz
Layout und Satz: Lydia Koch, Augsburg
Reproduktion: Point of Media GmbH, Augsburg
Druck und Bindung: Offizin Andersen Nexö Leipzig GmbH,
Spenglerallee 26–30, 04442 Zwenkau

Gedruckt auf chlorfrei gebleichtem Papier

ISBN 3-89897-461-8

Alle Rezepte von A bis Z

Spargel ist so vielseitig!

Für jeden Anlass das richtige Spargelrezept finden Sie hier:

FÜR GÄSTE

FÜR JEDEN TAG

ETWAS BESONDERES GEFÄLLIG?